This activity book belongs to:

_____

Copyright © 2023

All rights reserved. No part of this publication may be reproduced, distributed, or transmitted in any form or by any means. Including photocopying, recording, or other electronic or mechanical methods, without the prior written permission of the publisher.

Coloring Pages

Word Searches

Valentines Day Word Search 1

```
M D W S R M N T U C I X Q F N O B Q D K
Y V Y A N E C A D O R A T I O N A B F C
X A T T R A C T K Q Q D Q G Y A B N K U
B A E A P J S Z P W T L F E Z T C A F A
A N D Q Z B A N C F Y Z H M Q P Y R O K
R A J M T S T N E M H C A T T A Y D H R
S E N V I I W S F E N A P A B N Z E L Z
A M S G A R D B O M J K D M B O N N K V
V N A P E K A U Z Z H H V O S H V T A D
A N F J E L L T W O A Y M R R F Z E L W
Y U F A L L E G I A N C E O E A X D W H
P Q E O W X K R L O A O J U R A B E B L
C T C B G Q U S G A N D Z S W V R L J X
B D T C Q O X N C D F R O Y S X I D E W
S S I V M P E Z E P N Z L R P R Z M O B
C F O A I P P S U Z G Q D N E M S F Q R
L N N T L N O I T C A R T T A Q H E J D
Y O A R B Y S W M P T N M T B V X I G U
P D T J V T B O V Q A V P E G G U E X U
Z R E L N O I T C E F F A L D S H L I I
```

Word List

ADMIRATION	AFFECTIONATE	ARDENT
ADORABLE	ALLEGIANCE	ARDOR
ADORATION	AMOROUS	ATTACHMENTS
ADORE	AMOUR	ATTRACT
AFFECTION	ANGEL	ATTRACTION

I LOVE YOU!

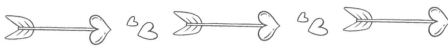

Valentines Day Word Search 2

```
W J V O Z B R O P L F U S Y P C U O G F
U J V R A E H D J W T D N B Q W A B O M
K M C L I L Z Y R X N O L P A K S N K B
H F O U H O S A Y O O U E P A E H C D I
K V I D B V B G B D F A B X W L C C O Y
A L I E I E F Y D I N O V A S A N K D C
F J R I N D K U T L Y L C O P G J A K K
J A O H Z M P U I F J L D T N M P T J G
C Y O A J Y A O R A U W I Q U A J T X J
F I J F Z E U I E N U V Y Y F D S R V W
E A N C B H E O Z P A C P O T K E A W R
J N L I H N V D H T C J K M J B T C C S
E A T S D A V K E R R L U P F U A T P T
G W J J Q Y R D B S X Z N D M B R I U G
F J C A R D S M X J W X Z M D U B V A O
I K Y T U A E B P Q B E A U I W E E O V
Q P W K J B G X C O G Q J E C X L T N O
I W U X K T I H E Q U R B Z X E E N Q O
K M Z W A F G T J L C D I V R P C S Y L
X W B L B M K R K D H D C B P K U D S G
```

Word List

ATTRACTIVE	BELOVED	CARDS
AWE	BONDS	CARE
BEAU	BOYFRIEND	CASANOVA
BEAUTIFUL	CANDY	CELEBRATE
BEAUTY	CAPTIVATE	CHARM

Valentines Day Word Search 3

```
I D E C L A R A T I O N K J Q E U U H T
G N I L R A D M D E V O T I O N P R J Q
P N T U J U W N L P B S E O O V O J W X
E F V G A Q I M Q W C Q K G G O G F X E
D E A R T F C C P H S E Z Z L M A X T R
B U F P T K S T E Z U R C Y V J A A O X
K Y E B Y R B R W Q I I X A O T D N Z P
G I W J V M I L P S N S K R O K P K Z D
Q W L Y S S R A X B T E D I P U C D S G
N D S Y H U W R Q Y N D A Z C X G I V L
G E O C E K R L E S E E U O M A G X A K
D Z B I U N O Y N D I N E N M M P I T M
E V V M T L F P O Y M H Q J L X D C H I
V A N X C O G P Q T D L O S I R E R J T
O B C T C O M M I T M E N T O Q E C R U
T Q O H K E A S Y D E N Q C H M O M K M
E O Z B U M O C H O C O L A T E J D N Z
D Y Y U U L M U G C O U R T S H I P P I
H H K L Y E Z M N P O T B T D D A B P K
O B L U M A N U A Y C R A O W P Z Z F Q
```

Word List

CHERISH	COZY	DECLARATION
CHOCOLATE	CUPID	DESIRE
COMMITMENT	DARLING	DEVOTED
CORDIAL	DATE	DEVOTION
COURTSHIP	DEAR	DINE

Valentines Day Word Search 4

```
Y O N N G S Y P M A R Z O G L K M W E K
S L D O I L I E S W Z H K W R Q U Z O Y
D A V B E U J S J A Z X O N S N Q P C L
T W U X Y A T X J X E Z H T A U N B R R
T A F O A E N G A G E M E N T C A C Y I
D E S Z N T F P Y E S D T M U F L X D F
I N T N E M R A E D N E A H A D C E O M
Z T J Y X V O L E E A N B A C P R Y Y X
F B V L O R A R F E A E Q G P O Z M H E
A D Q J R N Y I R U J G C J M Q E F G I
N F X L R O K U J R N U E A E O D B A P
T T P E Z J T N S X G E N S R B T C X J
A C T T J P O E Z S V E M I S B N Z O R
S E Y Y A D M R T M A K W K W O M W G X
Y K M R U O E H U L J F J B X C R E L P
S I N G T T S N P K Z G E D W U P E P A
P E C I I I O N R E F Z D H T N U U U G
L D O C C B N D J K D R E A M Y X C S L
H N X Q H E R W H Y W V M R S Y H R D N
V E F O Q S B C C F O R A E D N E K T F
```

Word List

DOILIES	ENAMORED	EROS
DON JUAN	ENDEAR	ETERNAL
DREAMY	ENDEARMENT	EXCITE
EMBRACE	ENGAGEMENT	FANCY
EMOTION	ENRAPTURE	FANTASY

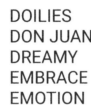

Valentines Day Word Search 5

```
I T O Z P H B M K I F X I S Q F C V K W
A M I N M J R S F Q I I M G H A S P M A
R H M O P E A O A M A N R B M S G K M F
U S E O D X D Y D H N C G C U C E C S L
K Y X J K N G D K W C U A E B I M F O S
U L R E O N F N I W E K F J Y N H A U X
F J O F K Z P E B L E B L Y S A M S U N
U D Z D Q Q K F L F G C I N P T V C K T
C T R A U Q Q J X L I C N Q E I T I X Y
K T F O A U F S E O O A G A R O K N W L
B W W Q V Y D T F F A W O R P N O A B F
P Y X C X A L V R R Q F S W F I I T Q L
E E C N A I F Y I U F A I H D E X E T O
A X N T A Z B B E C B V Q R I T W F R W
Z X M J X Y T M N B R O H P X P K V K E
W T X N C R V A D E O R C K U Z J W B R
J O C I I X F K S V H I F L A V O R Z S
U O U L E D B G H Z H T M K X J A G B D
R A F L H I A N I F C E B E C T P C D O
M O L N V W R F P T S G A L L A N T Q J
```

Word List

FASCINATE	FIANCE	FLOWERS
FASCINATION	FIANCEE	FOND OF
FAVOR	FLAVOR	FRIENDSHIP
FAVORITE	FLING	GALLANT
FELLOWSHIP	FLIRT	GEM

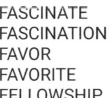

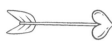

Valentines Day Word Search 6

```
C E O W I Q V U T B B Q O K I W W N H V
O V S J Z D M L P X O H W W O I A Q U H
U F Z M L H F Y D B I R I U O H R U G E
A I S M E D Y X W E W P H C F A F C S A
N E N K Q H O N O R Q Z X T A S T W U R
X D H J C C G A Z A Y P S R T Q S U D T
X K O R A L I A T K M N G S O R R M O F
N W N M J E K S R A O I U C E R A W L Y
K N E S J Q V B D I R I F J D N C E I W
C I Y H H C H W T L N O H H O Z D K H U
E Q Q Q O P F A F C K E M V Z Y L O W Z
Z G T E W X U R L U Y P U A G Z S Z O K
I V Z Q Z T I I I R E W Y I N A P V L G
L T N F A E N L L P Q R F O Z I J J T E
O L C F N A M E U P U T B V E R E J X J
D V N D T Y W M V K S J F C O W M J E R
I I X I Z E P F X N U D H V E Z Y M D F
E H O K J H O U F V Z A R L G I F Y U S
H N C B E E K N Q D E J S I M C Y Q D R
M I B C O Q N S S I A N Y L H D P F K J
```

Word List

GIFTS	HONEY	INCLINATION
GIRLFRIEND	HONOR	INFATUATION
GOODNESS	HUGS	JEWELRY
HEART	IDOLIZE	JEWELS
HEARTTHROB	INAMORATA	JOY

Valentines Day Word Search 7

```
C V W Y H S T T L C E Y E L B K W G M W
K J N N T N O F R V L K R C P D Q L O S
G B N M A O W N T T I I Q Z Q M W J R F
J V B I Z S Y K S L C N V K L L S Y U D
C A H A L I U O T U V C D S O I A G U U
H J E O V A M L B Z N Q E A T F Y Z W A
N P F S I I D G O U W L V U H E H A W T
K O Q H E L T P J D O A T C A L W F M J
P C H O L N E E G V I I Q X R O D U W A
L S V N U E Q I E V A E W A I N P A E K
Q Z L R D M P R K N Z P C I O G O X B E
F A M R A K A I E U L Z L A Y D A W E O
S E I L I L S R M R L O Q D L O V J A U
H Y L B D M K X R C F A V Q L I P F S G
L Y H O E N C W P Y F S N E F U V D J H
T O A T V U V W E O A Z F R S M U E Q W
T V P F S E S S I K X K V W E I V M L V
Y C A M C C L F S S E W Q Z Z T C L U E
V M U X B F P R T A F W K C Y V A K M D
N S X C J T B F Q U R X F Z C S I M F E
```

Word List

KARMA	LIFELONG	LOVER
KISMET	LIKE	LOVESICK
KISSES	LILIES	MARRY
LACE	LOTHARIO	MATERNAL
LIAISON	LOVE	MOSTLY

Valentines Day Word Search 8

```
L S B C X Q S Q U F E D S T N X H O G H
T F N M L T R P H G A N O I T O N W F P
O X O I N R L Y J U Y N W A O J W T D G
R B M A B M J L P A V Y W Z W A D M Y D
M T L M D E Q Q H M T J Y W D H P A T X
E P H O S C U L A T I O N Y Q S J G I Y
N N R S K F A M L O L I S P R I Z E L T
P N O O E A I H L Y O L B M R P N T A K
L R Z Y F O N N I G H T T I M E E V U S
W S E I L E T G V I O O N E R X F X Q P
P O M C B N S U C P P P R L P Q B P J D
X W E N I W O S N U Q A Z T Q M F I X A
R G F Z D O N N L T Q S I Z G M R V B J
V S K X R I U E V N P S M I R N C T M P
K P A E R R N S A M A I H S Q Z J S T Y
B S X V T T L A F M F O I P E R F U M E
S N A U S G K V A Z T N U K B M N Y T M
M N R Q G U F R N E A S T B I R H R I J
A E O N D I T I J A X J K G L R G Z R W
A K R B P Z F R R Y N O K Y J T D M A N
```

Word List

NIGHTTIME	OPULENT	PRECIOUS
NIRVANA	OSCULATION	PRIZE
NOTION	PASSION	PROFESS
NURTURE	PERFUME	QUAINT
ONLY ONE	PLANTS	QUALITY

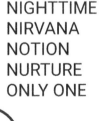

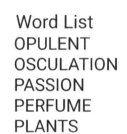

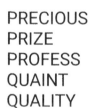

Word Searches Solutions

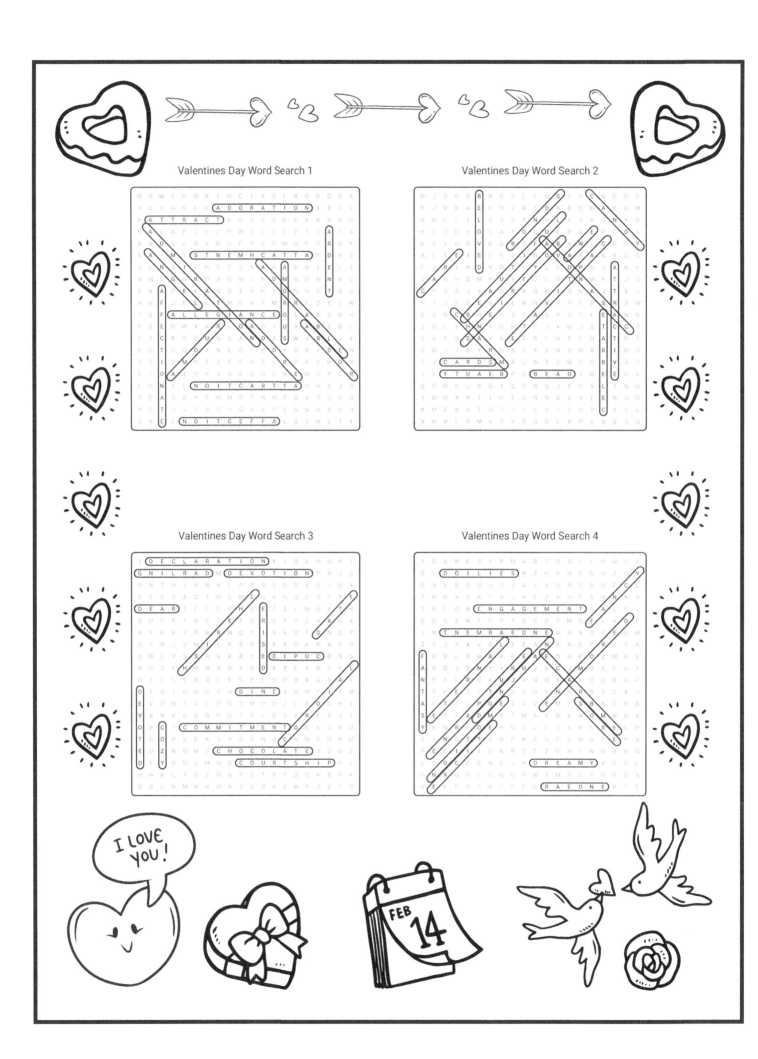

Valentines Day Word Search 1

Valentines Day Word Search 2

Valentines Day Word Search 3

Valentines Day Word Search 4

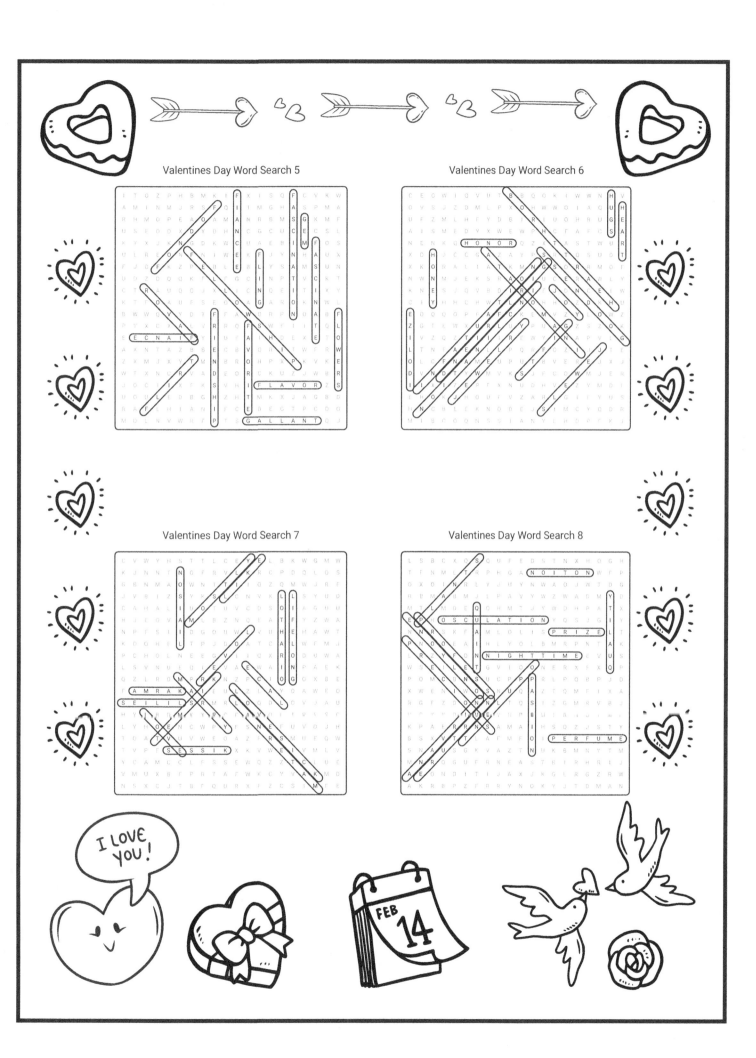

Valentines Day Word Search 5

Valentines Day Word Search 6

Valentines Day Word Search 7

Valentines Day Word Search 8

Mazes

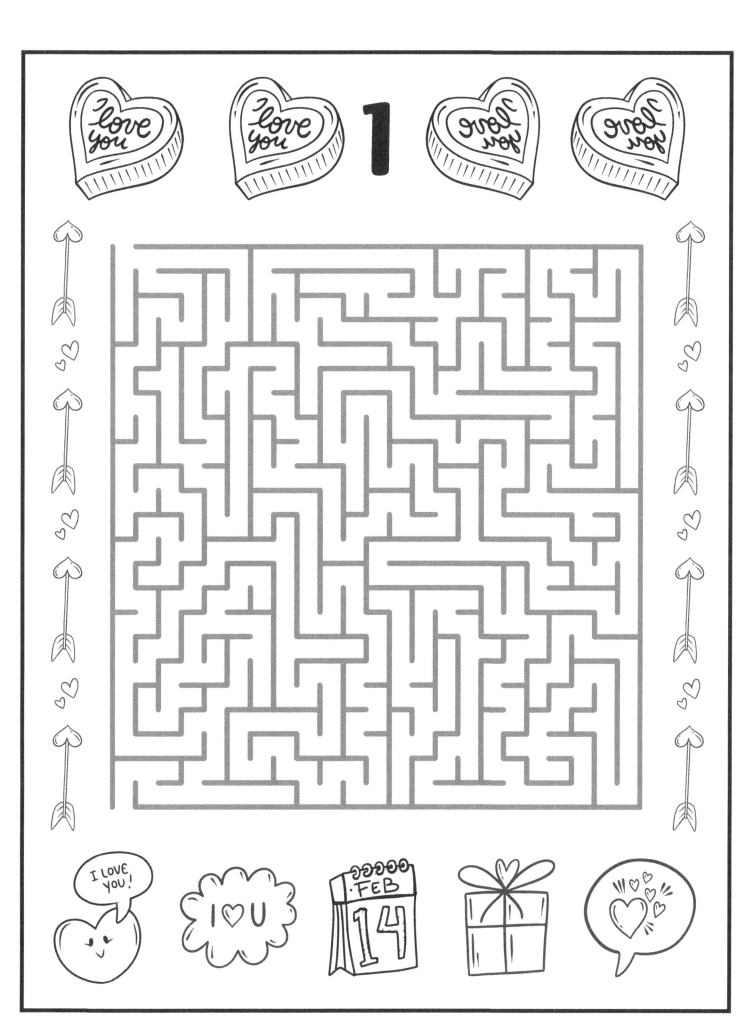

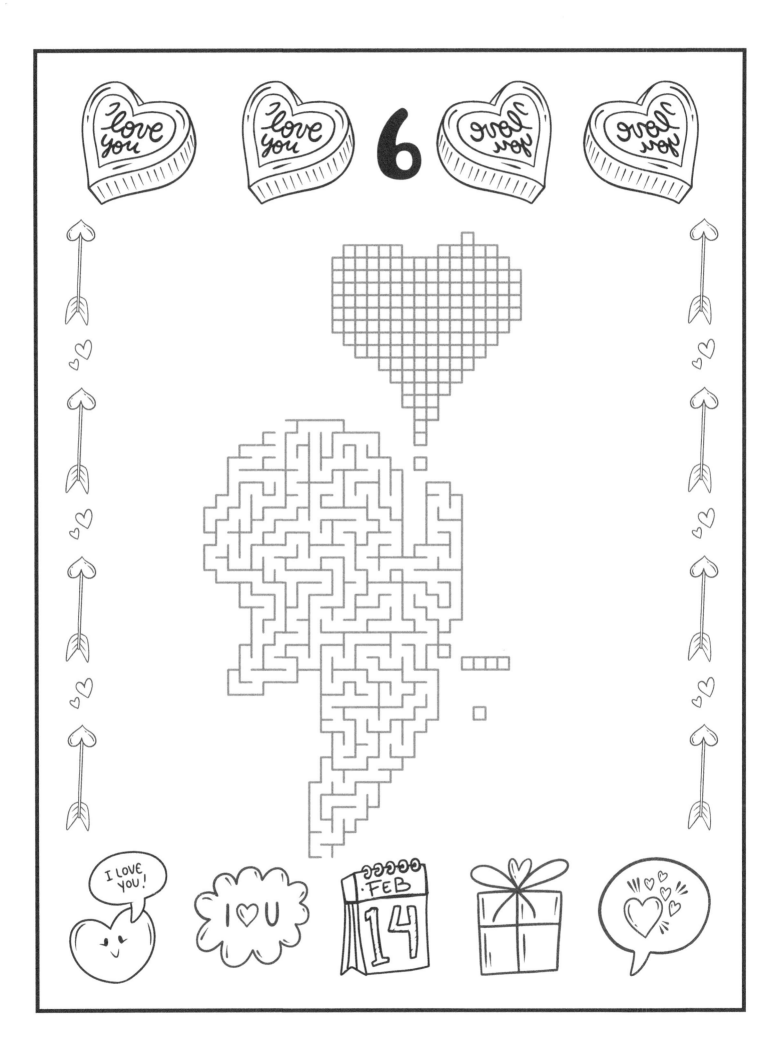

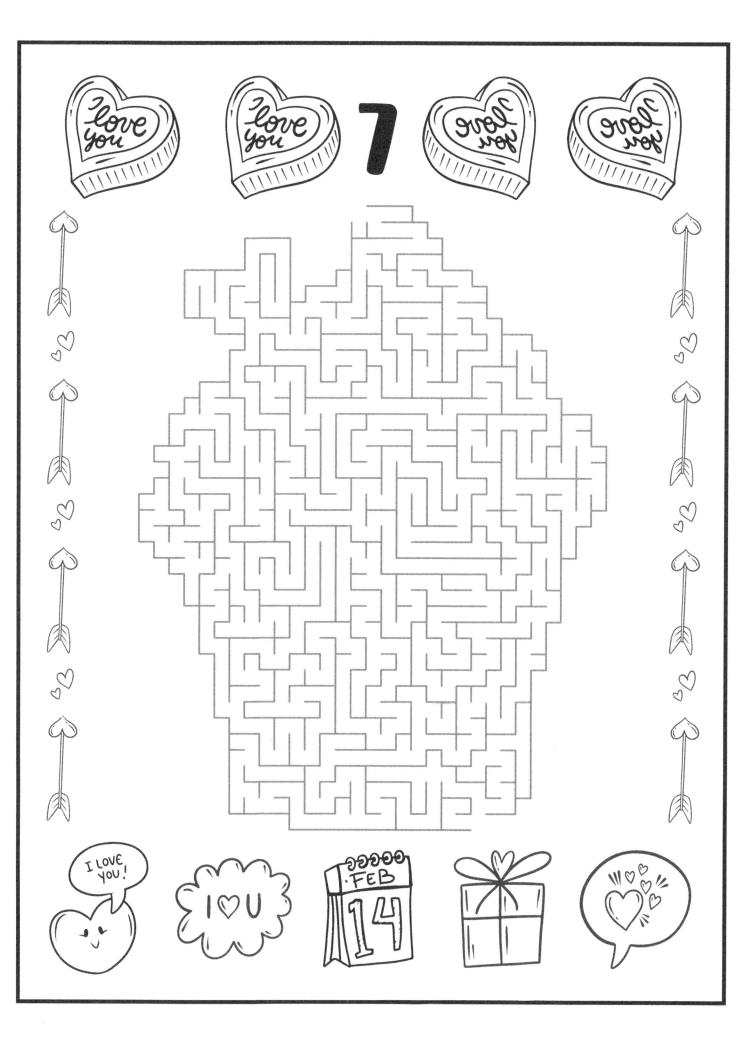

Mazes
Solutions

I Spy

I Spy with my little eye
Something beginning with ...

I Spy with my little eye
Something beginning with ...

I Spy with my little eye
Something beginning with ...

I Spy with my little eye Something beginning with ...

I Spy with my little eye
Something beginning with ...

I Spy
Solutions

Gift box

Love Book

Potion

Teddy bear

Zeppelin

Dot Markers

Dot to Dot

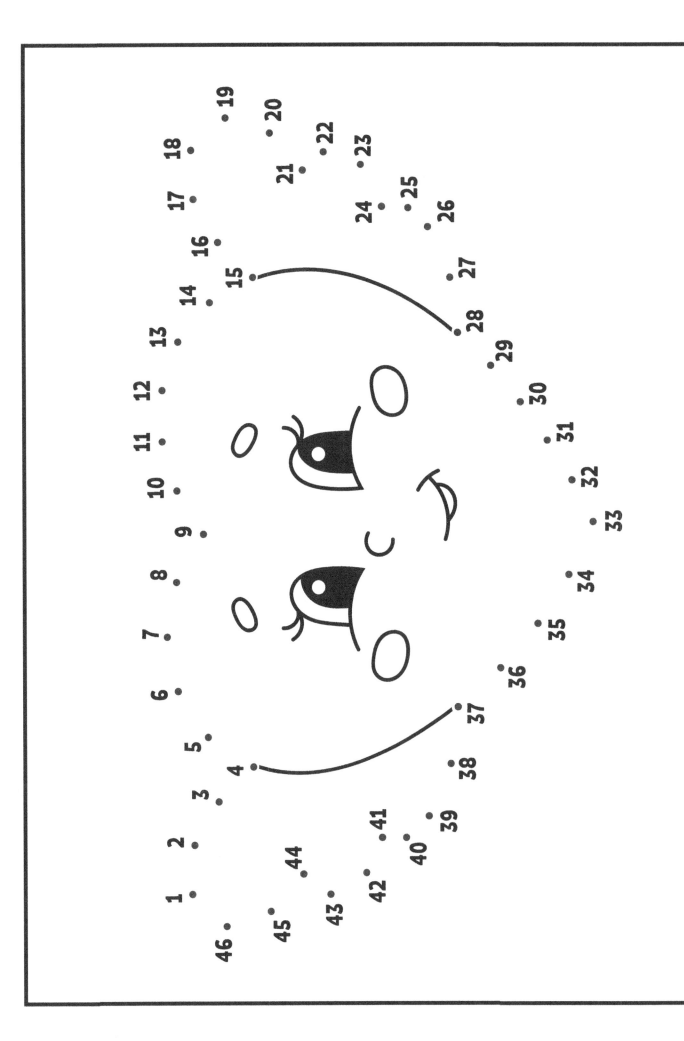

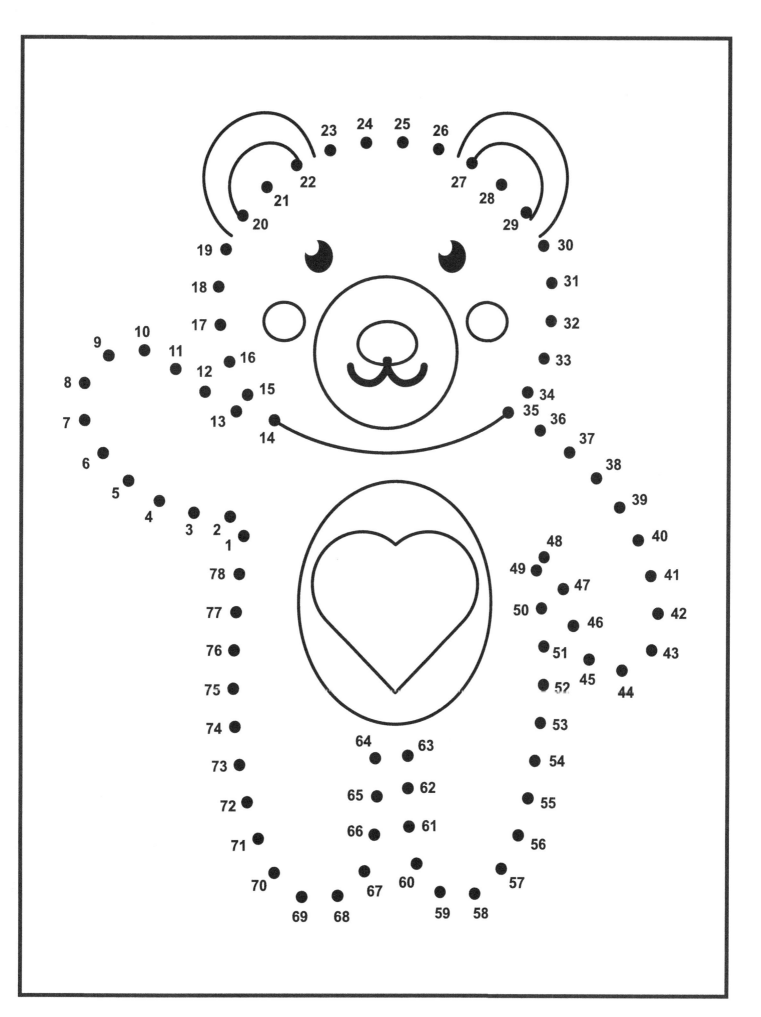

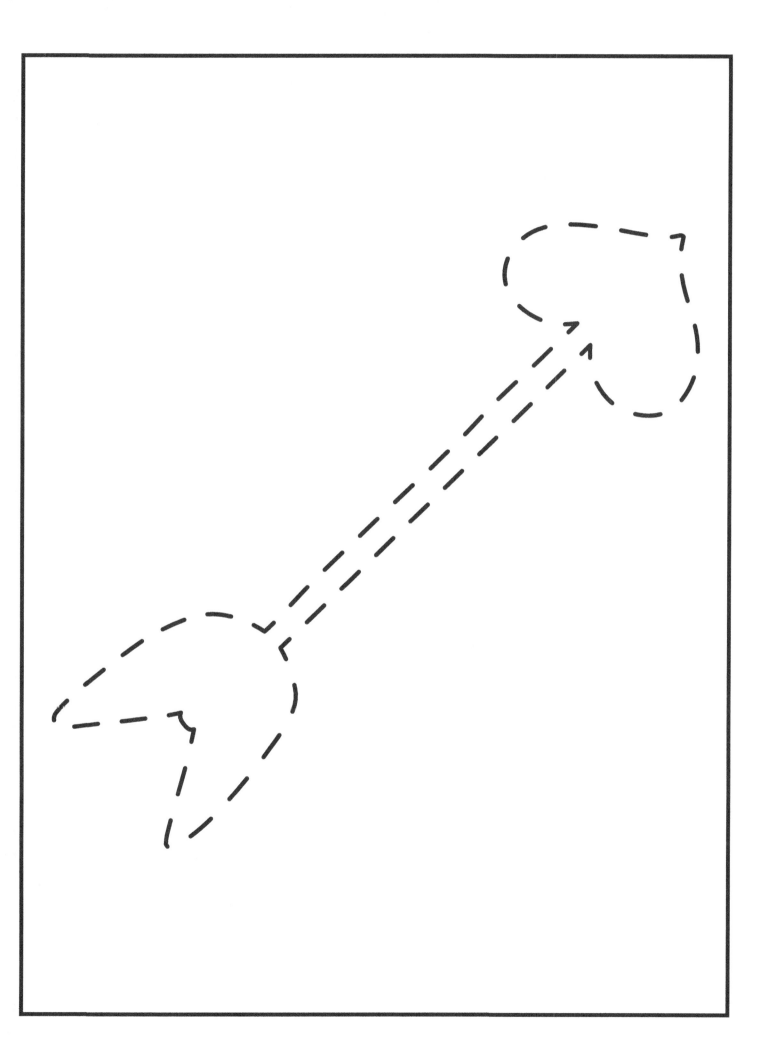

Find the Missing Letter

FIND THE MISSING LETTER

N
M
A
D

CA_DY

FIND THE MISSING LATTER

I

E

A

L

G_FT

FIND THE MISSING LATTER

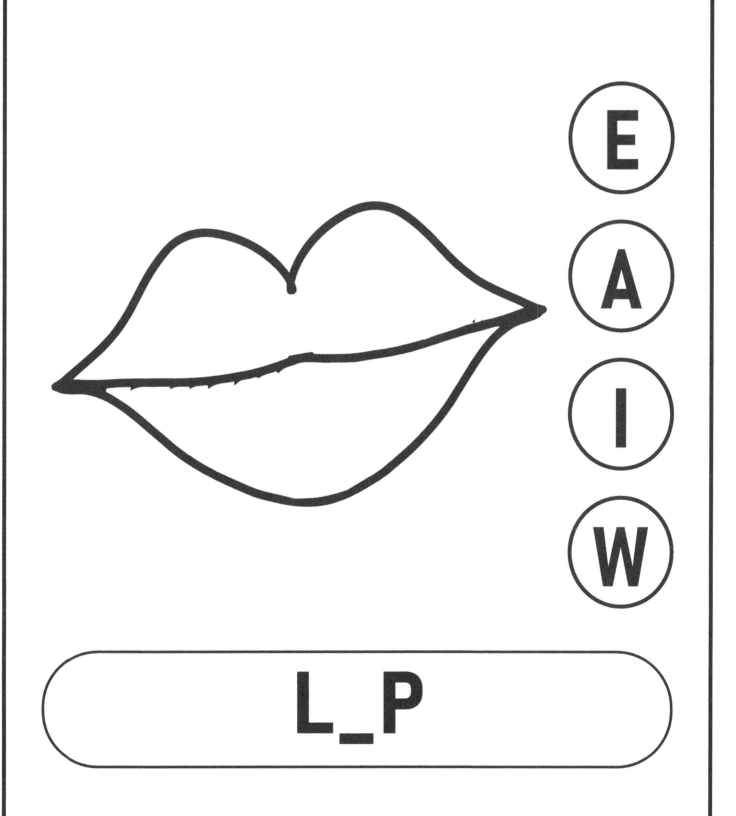

E

A

I

W

L_P

FIND THE MISSING LATTER

U

C

I

O

C_PID

FIND THE MISSING LATTER

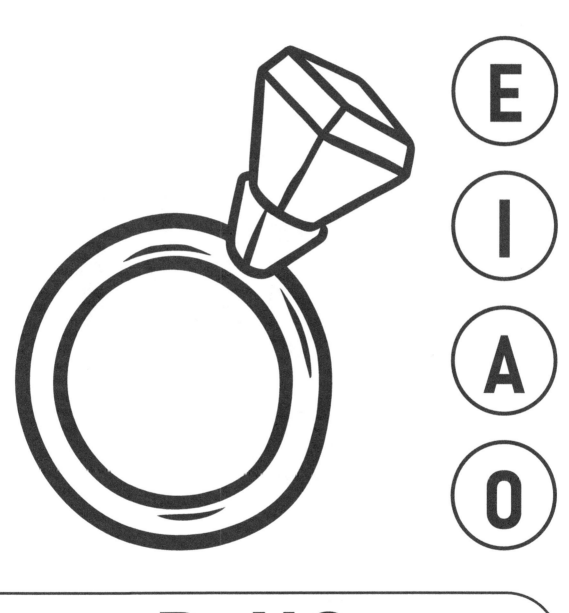

E

I

A

O

R_NG

FIND THE MISSING LATTER

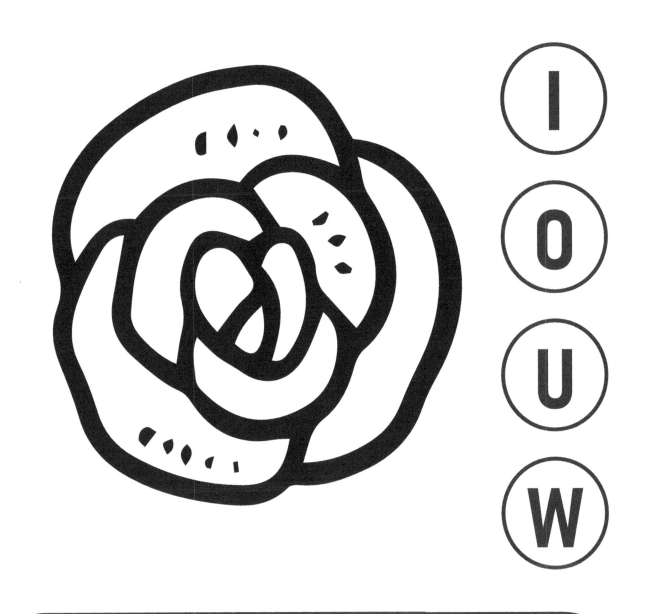

I

O

U

W

R_SE

FIND THE MISSING LATTER

U
E
A
I

c _ PCAKE

FIND THE MISSING LATTER

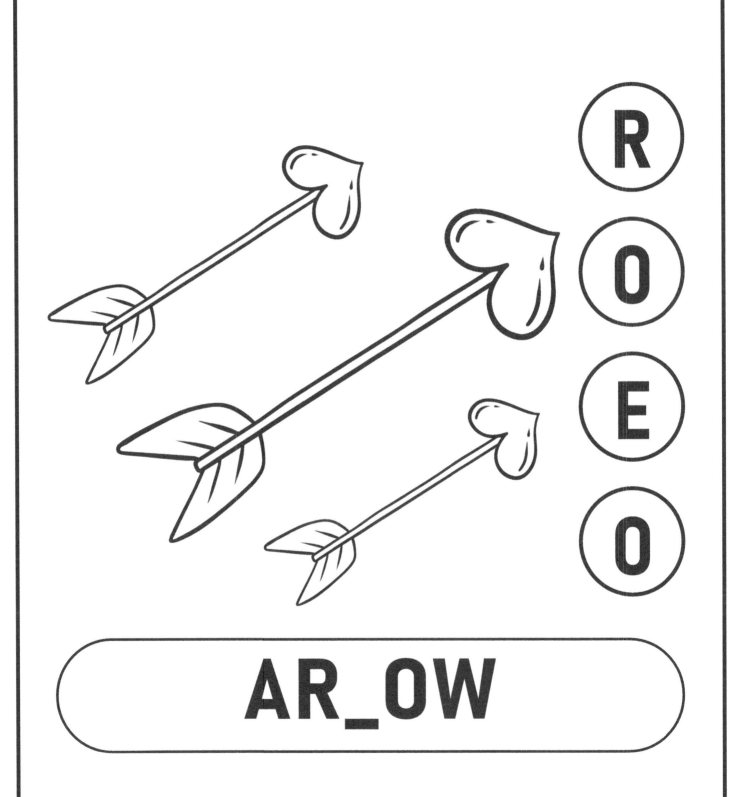

R
O
O
E
O

AR_OW

FIND THE MISSING LATTER

A

I

L

E

B_rd

FIND THE MISSING LATTER

O

E

I

U

fL_WER

Made in the USA
Las Vegas, NV
12 February 2024

85689509R00044